LIVRE DE RÉGIME MÉDITERRANÉEN

50 recettes vibrantes et savoureuses pour un mode de vie sain

Camille **Lambert**

Tous les droits sont réservés.
Avertissement

Les informations contenues dans i sont destinées à servir de collection complète de stratégies sur lesquelles l'auteur de cet eBook a effectué des recherches. Les résumés, stratégies, trucs et astuces ne sont que des recommandations de l'auteur, et la lecture de cet eBook ne garantira pas que les résultats refléteront exactement les résultats de l'auteur. L'auteur de l'eBook a fait tous les efforts raisonnables pour fournir des informations actuelles et exactes aux lecteurs de l'eBook. L'auteur et ses associés ne seront pas tenus responsables de toute erreur ou omission involontaire qui pourrait être trouvée. Le contenu de l'eBook peut inclure des informations provenant de tiers. Les documents de tiers comprennent les opinions exprimées par leurs propriétaires. En tant que tel, l'auteur de l'eBook n'assume aucune responsabilité pour tout matériel ou avis de tiers.

Table des matières

INTRODUCTION

Si vous essayez de manger des aliments meilleurs pour votre cœur, commencez par ces neuf ingrédients sains de la cuisine méditerranéenne.

Les ingrédients clés de la cuisine méditerranéenne comprennent l'huile d'olive, les fruits et légumes frais, les légumineuses riches en protéines, le poisson et les grains entiers avec des quantités modérées de vin et de viande rouge. Les saveurs sont riches et les bienfaits pour la santé des personnes qui choisissent un régime méditerranéen, l'un des plus sains au monde, sont difficiles à ignorer - ils sont moins susceptibles de développer une hypertension artérielle, un taux de cholestérol élevé ou de devenir obèses. Si vous essayez de manger des aliments meilleurs pour votre cœur, commencez par ces ingrédients sains de la cuisine méditerranéenne.

1. salade de chou frisé avec la meilleure vinaigrette Tahini

INGRÉDIENTS

- ❖ 4-6 tasses de chou frisé coupé en petits morceaux et les tiges enlevées
- ❖ 1-2 citrons pressés
- ❖ 1 recette de Falafel végétalien croustillant simple 12 boules
- ❖ 1 recette La meilleure vinaigrette Tahini
- ❖ 1/2 oignon rouge tranché finement
- ❖ Boîte de 15 oz de haricots blancs égouttés et rincés
- ❖ 1 jalapeño haché finement (facultatif)
- ❖ 2 tranches de pain pita coupées en carré

PAS

1. Placer le chou frisé dans un grand bol et arroser de jus de citron. Vous devrez peut-être utiliser plus d'un citron en fonction de la jutosité de vos citrons. Massez votre chou frisé pendant 60 secondes en incorporant le jus de citron dans le chou frisé. Placez au réfrigérateur jusqu'au moment de l'utiliser.
2. Préparez la vinaigrette Tahini selon les instructions et placez-la au réfrigérateur jusqu'au moment de l'utiliser.

Préparez le falafel végétalien croustillant simple selon les instructions.

Assemblez les salades:

- Répartir le chou frisé dans quatre bols.
- Garnir chaque bol de 3 boules de falafel, d'oignon rouge, de haricots blancs, de jalapeño (si utilisé) et de tranches de pita.
- Verser la vinaigrette sur chaque bol.
- Servez et dégustez.

SALADE DE LENTILLES MÉDITERRANÉENNES

INGRÉDIENTS

- ❖ 1 tasse de lentilles françaises
- ❖ Une feuille de laurier
- ❖ $\frac{1}{4}$ tasse d'oignon rouge finement haché (pour un goût plus doux, vous pouvez faire 2 oignons verts hachés à la place)
- ❖ 3 radis, coupés en quartiers et tranchés
- ❖ 2 branches de céleri, hachées
- ❖ $\frac{1}{2}$ poivron rouge, haché
- ❖ $\frac{1}{4}$ tasse de persil plat haché
- ❖ Feta (autant ou aussi peu que vous le souhaitez)
- ❖ 3 cuillères à soupe de jus de citron
- ❖ 1 cuillère à soupe d'huile d'olive
- ❖ 1 gousse d'ail émincée
- ❖ $\frac{1}{4}$-1/2 cuillère à café de sel, ou au goût

PAS

1. Ajouter les lentilles et la feuille de laurier dans une casserole avec de l'eau en les recouvrant de 3 pouces. Porter à ébullition et réduire à ébullition, cuire à découvert pendant 15 à 20 minutes, ou jusqu'à ce qu'elles soient al dente (mais pas molles). Une fois les lentilles cuites, égouttez-les et laissez refroidir.

2. Pendant ce temps, ajoutez les légumes (l'oignon au persil) dans un bol à mélanger.

Préparez la vinaigrette en mélangeant le jus de citron, l'huile d'olive, l'ail et le sel dans un bocal ou un petit bol.

3. Une fois les lentilles refroidies, combinez-les avec les légumes et mélangez avec la vinaigrette. Incorporer la quantité désirée de feta. Goûtez et rectifiez les assaisonnements si nécessaire.

4. Les restes se conservent au frais au réfrigérateur pendant plusieurs jours.

Bols de quinoa méditerranéens avec sauce aux poivrons rouges rôtis

INGRÉDIENTS

❖ Sauce aux poivrons rouges rôtis:
❖ 1 pot de 16 onces de poivrons rouges rôtis, égouttés (ou rôtissez vos poivrons rouges et gagnez le jeu de la nourriture!)
❖ 1 gousse d'ail
❖ 1/2 cuillère à café de sel (plus au goût)
❖ jus d'un citron
❖ 1/2 tasse d'huile d'olive
❖ 1/2 tasse d'amandes
❖ Pour les bols méditerranéens (construisez vos bols en fonction de ce que vous aimez)
❖ Quinoa cuit
❖ épinards, chou frisé ou concombre
❖ feta
❖ olives Kalamata
❖ pepperoncini
❖ oignon rouge émincé
❖ Hoummous
❖ basilic ou persil frais
❖ huile d'olive, jus de citron, sel, poivre

PAS

1. Mélangez tous les ingrédients de la sauce dans un robot culinaire ou un mélangeur jusqu'à ce que le tout soit homogène. La texture doit être épaisse et texturée (voir photo).

2. Faites cuire le quinoa selon les instructions sur l'emballage (je fais toujours le mien dans un cuiseur à riz pendant que je prépare tout le reste). Lorsque le quinoa est prêt, construisez vous-même un bol de quinoa méditerranéen!

4. soupe de poulet au citron grec

Ingrédients

- ❖ 10 tasses de bouillon de poulet
- ❖ 3 cuillères à soupe d'huile d'olive
- ❖ 8 gousses d'ail émincées
- ❖ 1 oignon doux
- ❖ 1 gros citron zesté
- ❖ 2 poitrines de poulet désossées et sans peau
- ❖ 1 tasse de couscous israélien (perle)
- ❖ 1/2 cuillère à café de poivron rouge broyé
- ❖ 2 onces de feta émiettée
- ❖ 1/3 tasse de ciboulette hachée
- ❖ Sel et poivre

PAS

1. Mettre l'huile d'olive dans une grande casserole de 6 à 8 litres à feu moyen-doux. Épluchez l'oignon. Puis coupez-le en quartiers et coupez-le en fines lanières. Une fois l'huile chaude, faites revenir l'oignon et l'ail émincé pendant 3-4 minutes pour les ramollir.

2. Ajouter le bouillon de poulet, les poitrines de poulet crues, le zeste de citron et le poivron rouge écrasé dans la casserole. Augmentez le feu, couvrez et portez à ébullition. Une fois à

ébullition, réduire le feu à moyen, puis laisser mijoter 5 minutes.

3. Incorporer le couscous, 1 cuillère à café de sel et le poivre noir au goût. Laisser mijoter encore 5 minutes. Puis éteignez le feu.

4. À l'aide de pinces, retirez les deux poitrines de poulet de la casserole. Utilisez une fourchette et des pinces pour déchiqueter le poulet. Remettez-le ensuite dans le pot. Incorporer le fromage feta émietté et la ciboulette hachée. Goûtez et salez et poivrez au besoin. Servir chaud.

5. salade bulgur avec feta marinée

Ingrédients

Pour la feta marinée
- ❖ 1/2 tasse de feta, coupée en cubes de 1/2 pouce
- ❖ 1 cuillère à soupe de zeste de citron
- ❖ 1 cuillère à café de feuilles d'origan frais hachées finement
- ❖ 1/2 cuillère à café d'ail en poudre
- ❖ 1 cuillère à café de poivre noir moulu grossièrement
- ❖ Huile d'olive

Pour la salade de boulgour
- ❖ 1 tasse de boulgour
- ❖ 1 1/2 tasse d'eau bouillante
- ❖ 1/4 tasse de feuilles de menthe fraîche hachées
- ❖ 1/4 tasse de persil frais haché
- ❖ 1 concombre, épépiné à la cuillère, coupé en dés
- ❖ 1/2 tasse de tomates en dés
- ❖ 2 cuillères à soupe de jus de citron
- ❖ Le sel

PAS
Pour la feta marinée

1. Placez la feta dans un bol. Ajoutez le zeste de citron et l'origan. Assaisonner avec l'ail en poudre et le poivre noir.
2. Transférer le mélange de feta dans un Tupperware ou un bocal avec un couvercle. Couvrir le fromage d'huile d'olive. Couvrir le récipient avec le couvercle et réfrigérer au moins 12 heures.

Pour la salade de boulgour

1. Placez le boulgour dans un bol et couvrez d'eau bouillante. Remuez rapidement et laissez reposer à température ambiante pendant 45 minutes, jusqu'à ce qu'elle soit légèrement ramollie.
2. Filtrer le boulgour de tout liquide restant. Incorporer le persil, la menthe, le concombre haché, la tomate hachée et le jus de citron. Assaisonner de sel au goût. (À ce stade, vous pouvez soit le servir, soit laisser reposer la salade de boulgour au réfrigérateur pendant quelques heures pour laisser les saveurs se développer).
3. Pour servir: Transférer la salade de boulgour dans un plat de service ou un bol et garnir de feta marinée.

POULET LEMON PARMESAN AVEC NOUILLES DE COURGETTES

INGRÉDIENTS

- ❖ 2 paquets de spirales végétariennes géantes vertes
- ❖ 1 à 1/2 lb poitrine de poulet désossée et sans peau, coupée en bouchées
- ❖ 1 cuillère à café de sel de mer fin
- ❖ 1/2 cuillère à café de poivre noir moulu
- ❖ 2 cuillères à café d'huile
- ❖ 4 gousses d'ail émincées
- ❖ 2 cuillères à café d'origan séché
- ❖ 2 cuillères à soupe de beurre de haute qualité
- ❖ 2 cuillères à café de zeste de citron
- ❖ 2/3 tasse de bouillon
- ❖ 1/3 tasse de parmesan
- ❖ Tranches de citron, pour la garniture
- ❖ Persil, pour la garniture

PAS

1. Cuire les nouilles aux courgettes selon les instructions sur l'emballage. Bien égoutter.
2. Faire chauffer l'huile dans une grande poêle à feu moyen. Assaisonner le poulet avec du sel et du poivre et faire dorer les morceaux de poulet, environ 3-4 minutes par côté selon l'épaisseur. Faites cuire par lots si nécessaire. Retirer le poulet de la poêle.

3. Dans la poêle, ajoutez l'ail et faites cuire jusqu'à ce qu'il soit parfumé pendant environ 30 secondes.
4. Ajouter le beurre, l'origan et le zeste de citron. Versez le bouillon de poulet pour déglacer, en vous assurant de gratter tous les morceaux dorés au fond de la casserole.
5. Baisser le feu à moyen-vif pour porter la sauce et le poulet à ébullition. Baisser immédiatement le feu et incorporer le parmesan. Remettre le poulet dans la poêle et laisser mijoter doucement pendant 3-4 minutes, ou jusqu'à ce que la sauce ait légèrement réduit et épaissi. Goûtez et rectifiez l'assaisonnement.
6. Servir chaud sur des nouilles aux courgettes et garnir de persil et de tranches de citron.

7.Gyro de boulettes de viande de dinde grecque avec tzatziki

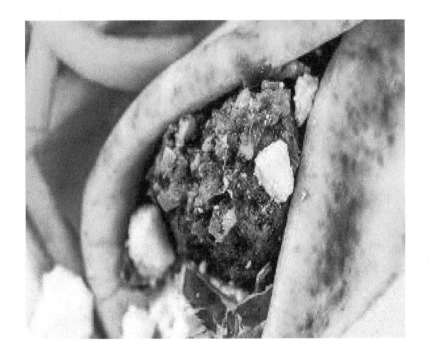

Ingrédients

- ❖ Boulette de dinde:
- ❖ 1 lb de dinde hachée
- ❖ 1/4 tasse d'oignon rouge finement coupé en dés
- ❖ 2 gousses d'ail émincées
- ❖ 1 cuillère à café d'origan
- ❖ 1 tasse d'épinards frais hachés
- ❖ sel et poivre pour assaisonner
- ❖ 2 cuillères à soupe d'huile d'olive
- ❖ Sauce tzatziki:
- ❖ 1/2 tasse de yogourt grec nature
- ❖ 1/4 tasse de concombre râpé
- ❖ 2 cuillères à soupe de jus de citron
- ❖ 1/2 cuillère à café d'aneth sec
- ❖ 1/2 cuillère à café d'ail en poudre
- ❖ sel au goût
- ❖ 1/2 tasse d'oignon rouge tranché finement
- ❖ 1 tasse de tomates en dés
- ❖ 1 tasse de concombre en dés
- ❖ 4 pains plats de blé entier

PAS

1. Dans un grand bol, ajoutez la dinde hachée, l'oignon rouge coupé en dés, l'ail émincé, l'origan, les épinards frais, le sel et le poivre. À l'aide de vos mains, mélangez tous les

ingrédients jusqu'à ce que la viande forme une boule et colle ensemble.

2. Puis à l'aide de vos mains, formez le mélange de viande en boules de 1 ". (vous devriez pouvoir obtenir environ 12 boulettes de viande).

3. Chauffer une grande poêle à feu moyen-vif. Ajoutez de l'huile d'olive dans la poêle, puis ajoutez les boulettes de viande. Cuire chaque côté pendant 3-4 minutes jusqu'à ce qu'ils soient dorés de tous les côtés et que la température interne atteigne 165 ° F. Retirer de la poêle et laisser reposer.

4. Pendant ce temps, dans un petit bol, ajoutez du yogourt grec, du concombre râpé, du jus de citron, de l'aneth, de l'ail en poudre et du sel au goût. Mélangez jusqu'à ce que tout soit combiné.

5. Assemblez les gyroscopes: à un pain plat (j'aime réchauffer le mien, pour qu'ils soient plus souples), ajoutez 3 boulettes de viande, l'oignon rouge émincé, la tomate et le concombre. Garnir ensuite de sauce Tzatziki.

8. sandwich végétarien méditerranéen

Ingrédients:

- ❖ 2 tranches de pain de blé entier
- ❖ 2-3 cuillères à soupe de houmous à la coriandre et jalapeno (j'utilise Trader Joe's, mais si vous pouvez le trouver, utilisez du poivron doux ordinaire ou épicé de Tribe et ajoutez de la coriandre au sandwich)
- ❖ 1 feuille de laitue fraîche entière
- ❖ 1/4 tasse de pousses
- ❖ 2 fines tranches de tomate entières
- ❖ 2 fines tranches de concombre entières
- ❖ oignon rouge émincé
- ❖ 1-2 cuillères à soupe de fromage feta émietté
- ❖ 2 poivrons Peppadew, hachés

PAS

1. Faire griller du pain si désiré. Tartiner les deux tranches de pain d'houmous, puis les étendre sur la laitue, les pousses, la tomate, le concombre, l'oignon rouge, le fromage feta et les poivrons peppadew. Trancher le sandwich en deux et servir.

9. BOLS À GRAIN SHRIMP

Ingrédients

- ❖ 1/4 tasse d'huile d'olive extra vierge
- ❖ 2 cuillères à soupe. jus de citron frais
- ❖ 2 gousses d'ail émincées
- ❖ 1 cuillère à café paprika fumé
- ❖ 1 cuillère à café origan séché
- ❖ 3/4 c. À thé sel casher
- ❖ 1/2 cuillère à café poivre noir
- ❖ 1 lb de crevettes crues décortiquées et déveinées
- ❖ 2 petites courgettes coupées en pièces
- ❖ 2 poivrons (couleur au choix), coupés en morceaux de 1x1 "
- ❖ 1 tasse de farro sec ou de riz blanc
- ❖ 2 tasses de bouillon de légumes ou de poulet
- ❖ Garnitures facultatives: herbes fraîches, tomates cerises, olives vertes tranchées ou câpres
- ❖ Yaourt au citron et à l'ail
- ❖ 1/2 tasse de yogourt grec nature au lait entier
- ❖ 1 gousse d'ail râpée (j'utilise un Microplane) sous 1 c. ail granulé
- ❖ 1 cuillère à soupe. jus de citron
- ❖ 1/4 c. À thé sel casher

PAS

1. Dans un petit bol, mélanger les sept premiers ingrédients (huile d'olive au poivre noir); remuer avec un fouet. Placer les crevettes et les légumes dans deux bols séparés, répartir la marinade uniformément dans chacun, mélanger pour enrober. Laisser reposer 5 à 10 minutes.

10 Aubergines farcies au quinoa avec sauce tahini

Ingrédients

- ❖ 1 aubergine
- ❖ 2 cuillères à soupe d'huile d'olive divisée
- ❖ 1 échalote moyenne coupée en dés (environ 1/2 tasse)
- ❖ 1 tasse de champignons de Paris hachés environ 2 tasses entières
- ❖ 5-6 tomates italiennes entières Tuttorosso hachées
- ❖ 1 cuillère à soupe de jus de tomate de la boîte
- ❖ 2 gousses d'ail émincées
- ❖ 1/2 tasse de quinoa cuit
- ❖ 1/2 cuillère à café de cumin moulu
- ❖ 1 cuillère à soupe de persil frais haché + plus pour garnir
- ❖ Sel et poivre au goût
- ❖ 1 cuillère à soupe de tahini
- ❖ 1 cuillère à café de jus de citron
- ❖ 1/2 cuillère à café d'ail en poudre
- ❖ Eau pour diluer

PAS

1. Préchauffer le four à 425 ° F. Coupez l'aubergine en deux dans le sens de la longueur et retirez une partie de la chair. Déposer sur une plaque à pâtisserie et arroser d'1 cuillère à soupe d'huile. Saupoudrer de sel et cuire au four pendant 20 minutes.

2. Pendant la cuisson de l'aubergine, faites chauffer l'huile restante dans une grande poêle. Ajoutez une fois toutes les échalotes et les champignons. Faire sauter jusqu'à ce que les champignons aient ramolli, environ 5 minutes. Ajouter les tomates, le quinoa et les épices et cuire jusqu'à ce que le liquide se soit évaporé.

3. Une fois l'aubergine cuite pendant 20 minutes, réduire la température du four à 350 ° F et farcir chaque moitié avec le mélange tomate-quinoa. Cuire au four encore 10 minutes.

4. Au moment de servir, fouettez ensemble le tahini, le citron, l'ail, l'eau et une touche de sel et de poivre. Versez le tahini sur les aubergines, saupoudrez de persil et dégustez!

5. Pendant ce temps, mélanger le farro ou le riz dans une casserole avec le bouillon. Porter à ébullition, réduire le feu à doux et laisser mijoter doucement, couvert, jusqu'à ce que les grains soient tendres et que la majeure partie du liquide soit absorbée. (Cela prendra environ

15 minutes pour le riz blanc et jusqu'à 30 minutes pour le farro.)

6. Entre-temps, chauffer une grande poêle enduite d'un enduit à cuisson (ou légèrement graissée d'huile) à feu moyen-vif. Une fois chaudes, ajoutez les crevettes et faites cuire 2 minutes de chaque côté ou jusqu'à ce qu'elles soient opaques. Transférer dans une assiette. (Si votre poêle n'est pas assez grande pour contenir toutes les crevettes en une seule couche, faites cuire en deux lots.) Ensuite, ajoutez les légumes dans la même poêle et faites cuire jusqu'à tendreté, environ 8 minutes.

7. Préparez le yogourt au citron et à l'ail en mélangeant le yogourt, l'ail, le jus de citron et le sel dans un petit bol. Incorporer 1 à 2 c. Eau pour diluer à la consistance désirée.

8. Assemblez les bols en divisant le farro ou le riz uniformément dans chacun des 4 bols. Répartir les crevettes et les légumes sur le dessus et terminer avec une cuillerée de citron-ail

9. Yaourt. Si désiré, garnir de tranches de tomates cerises, d'olives ou d'herbes fraîches. Terminez par un filet d'huile d'olive.

11.SALADE D'ORZO À LA CITRON ET AUX HERBES

INGRÉDIENTS

- ❖ 12 onces d'orzo non cuit (ou n'importe quelle forme de pâtes)
- ❖ 2 grosses poignées de pousses d'épinards frais, hachées
- ❖ 1 boîte (15 onces) de pois chiches (pois chiches), rincés et égouttés
- ❖ 1 concombre anglais, coupé en dés
- ❖ un demi-petit oignon rouge, coupé en dés
- ❖ 1 tasse de feuilles de basilic frais grossièrement hachées
- ❖ 1 tasse de feuilles de menthe fraîche grossièrement hachées
- ❖ 1 à 2 citrons, zestés et pressés
- ❖ 1/4 tasse d'huile d'olive
- ❖ sel de mer et poivre noir fraîchement concassé, au goût
- ❖ facultatif: 1/2 tasse de feta ou de fromage de chèvre émietté

PAS

1. Cuire les pâtes dans une grande marmite d'eau généreusement salée jusqu'à ce qu'elles soient al dente, selon les instructions sur l'emballage. Égoutter les pâtes, puis rincer abondamment dans une passoire à l'eau froide jusqu'à ce que

les pâtes soient refroidies. Transférer les pâtes dans un grand bol à mélanger.

2. Ajouter le reste des ingrédients dans le bol de mixage (en utilisant du fromage si désiré). Mélanger jusqu'à ce que le tout soit homogène. Goûtez et assaisonnez avec quelques généreuses pincées de sel et de poivre au goût. (J'ai utilisé environ 1 cuillère à café de sel et de poivre.) Aussi, n'hésitez pas à ajouter du jus de citron supplémentaire si vous souhaitez une salade extra-citronnée. (

3. Sers immédiatement. Ou couvrir et réfrigérer jusqu'à 3 jours.

12 Salade de pâtes sans gluten à la méditerranéenne

Ingrédients:

- ❖ 1 chopine de tomates cerises
- ❖ 2 aubergines chinoises moyennes, coupées en petits cubes
- ❖ Huile d'avocat (ou d'olive)
- ❖ 1 cuillère à café de sel
- ❖ Une pincée de poivre noir
- ❖ 1/4 cuillère à café de cumin moulu
- ❖ 1/4 cuillère à café de flocons de piment rouge
- ❖ 1/4 cuillère à café d'ail granulé
- ❖ 1 paquet (16 onces) de spaghettis de riz brun, cuits selon les instructions sur l'emballage et refroidis
- ❖ Vinaigrette au citron (recette ci-dessous)
- ❖ 1 cuillère à soupe d'aneth finement haché
- ❖ 1 cuillère à soupe de menthe finement hachée
- ❖ 1 cuillère à soupe de persil finement haché
- ❖ 1 cuillère à soupe de coriandre finement hachée

Ingrédients de la vinaigrette au citron:
- ❖ 4 grosses gousses d'ail (ou 6 petites), pressées au presse-ail
- ❖ Zest de 1 citron
- ❖ 1/4 tasse de jus de citron
- ❖ 1/4 cuillère à café de sel
- ❖ Une pincée de poivre noir
- ❖ 1/2 cuillère à café de moutarde de Dijon

❖ 1/4 cuillère à café de sucre granulé
❖ 1/2 tasse d'huile d'olive

PAS

1. Préchauffer le four à 400 ° et tapisser une plaque à pâtisserie de papier sulfurisé.

2. Dans un grand bol, mélanger les tomates cerises, l'aubergine coupée en dés, environ 3-4 cuillères à soupe d'huile, le sel, le poivre, le cumin, les flocons de piment rouge et l'ail granulé, et les retourner sur la plaque à pâtisserie tapissée de papier sulfurisé pour cuire / rôtir pendant 30 à 35 minutes, jusqu'à ce qu'ils soient légèrement dorés et tendres; puis laissez refroidir légèrement.

3. Placez les pâtes de riz brun cuites et refroidies dans un grand bol, versez un peu de vinaigrette au citron (ralentissez jusqu'à ce que vous obteniez la quantité désirée) et ajoutez le mélange de tomates cerises et d'aubergines refroidi; saupoudrer d'herbes hachées et mélanger doucement le tout, et goûter pour voir si du sel / poivre supplémentaire ou de la vinaigrette est nécessaire; servir immédiatement ou conserver couvert et réfrigéré au réfrigérateur pour servir plus tard.

4. Placer tous les ingrédients dans un pot Mason de taille moyenne, sceller le dessus, agiter vigoureusement pour émulsionner; utiliser immédiatement ou conserver au frais au réfrigérateur. (Utilisez le reste de la vinaigrette sur d'autres salades, tranches d'avocat, etc.)

13.Poulet grec et riz à la poêle

Ingrédients

- ❖ 6 cuisses de poulet
- ❖ Sel casher et poivre noir fraîchement moulu
- ❖ 1 cuillère à café d'origan séché
- ❖ 1 cuillère à café d'ail en poudre
- ❖ 3 citrons
- ❖ 2 cuillères à soupe d'huile d'olive extra vierge
- ❖ ½ oignon rouge, émincé
- ❖ 2 gousses d'ail émincées
- ❖ 1 tasse de riz à grains longs
- ❖ 2½ tasses de bouillon de poulet
- ❖ 1 cuillère à soupe d'origan frais haché, et plus pour la garniture
- ❖ 1 tasse d'olives vertes
- ❖ ½ tasse de fromage feta émietté
- ❖ ⅓ tasse de persil frais haché

PAS

1. Préchauffer le four à 375 ° F. Assaisonnez les cuisses de poulet avec du sel et du poivre. Dans un petit bol, mélanger l'origan séché, l'ail en poudre et le zeste d'un citron. Frottez uniformément le mélange sur le poulet.

2. Chauffer l'huile d'olive dans une grande poêle allant au four à feu moyen. Ajouter le poulet, côté peau vers le bas, et saisir jusqu'à ce que

le poulet soit bien doré, 7 à 9 minutes. Déposer dans une assiette et réserver.

3. Ajouter l'oignon et l'ail dans la poêle et faire sauter jusqu'à ce qu'ils soient translucides, environ 5 minutes. Incorporer le riz et faire sauter 1 minute; Assaisonnez avec du sel.

4. Ajouter le bouillon de poulet et porter le mélange à ébullition. Incorporer l'origan frais et le jus du citron zesté. Trancher les 2 citrons restants et les réserver.

5. Nestle le poulet, côté peau vers le haut, dans le mélange de riz. Transférer la poêle au four et cuire jusqu'à ce que le riz ait absorbé tout le liquide et que le poulet soit complètement cuit pendant 20 à 25 minutes.

6. Allumez le gril et disposez les tranches de citron sur le poulet. Faire griller la poêle jusqu'à ce que les citrons soient légèrement carbonisés et que la peau du poulet soit très croustillante environ 3 minutes.

7. Ajouter les olives et la feta dans la poêle, garnir de persil frais et servir immédiatement.

14.Mini Shawarma au poulet

Ingrédients

- ❖ 1 livre de poulet tendres
- ❖ $\frac{1}{4}$ tasse d'huile d'olive extra vierge
- ❖ Zeste et jus d'un citron
- ❖ 2 cuillères à café d'ail en poudre
- ❖ 1 cuillère à café de cumin moulu
- ❖ $\frac{3}{4}$ cuillère à café de coriandre moulue
- ❖ $\frac{1}{2}$ cuillère à café de paprika fumé
- ❖ 1 cuillère à café de poivre noir fraîchement moulu

SAUCE

- ❖ $1\frac{1}{4}$ tasse de yogourt grec
- ❖ 1 cuillère à soupe de jus de citron
- ❖ 1 gousse d'ail râpée
- ❖ $\frac{1}{4}$ tasse de persil frais haché
- ❖ 2 cuillères à soupe d'aneth frais haché
- ❖ Sel casher et poivre noir fraîchement moulu
- ❖ $\frac{1}{2}$ oignon rouge, tranché finement
- ❖ 4 feuilles de laitue romaine, râpées
- ❖ $\frac{1}{2}$ concombre anglais, tranché finement
- ❖ 2 tomates, hachées
- ❖ 16 mini morceaux de pain pita

PAS

1. **FAITES LE POULET:**Placez le poulet dans un grand sac en plastique refermable. Dans un petit bol,

fouetter ensemble l'huile d'olive, le zeste de citron, le jus de citron, l'ail en poudre, le cumin, la coriandre, le paprika et le poivre pour combiner. Versez la marinade dans le sac, scellez et mélangez bien le poulet pour l'enrober. Laisser mariner le poulet de 30 minutes à 1 heure.

2. FAITES LA SAUCE: Pendant que le poulet marine, mélanger le yogourt grec, le jus de citron et l'ail dans un bol moyen. Incorporer le persil et l'aneth; Assaisonnez avec du sel et du poivre. Couvrir et réfrigérer.

3. Chauffer une grande poêle à feu moyen. Retirer le poulet de la marinade, laisser égoutter l'excédent et cuire jusqu'à ce qu'il soit bien doré des deux côtés et complètement cuit, environ 4 minutes de chaque côté. Hachez-le en lanières de la taille d'une bouchée.

4. Pour assembler, répartir uniformément le poulet, l'oignon, la laitue, le concombre et la tomate parmi les pitas.

15.Pain plat aux aubergines et fines herbes

INGRÉDIENTS

Pour la trempette d'aubergines au tahini
- ❖ 2 lb d'aubergines
- ❖ 6 gousses d'ail
- ❖ $\frac{1}{4}$ cuillère à café de cumin moulu
- ❖ $\frac{1}{4}$ cuillère à café de paprika
- ❖ 2 cuillères à soupe d'huile d'olive
- ❖ 1 cuillère à soupe de jus de citron
- ❖ $\frac{1}{4}$ tasse de tahini
- ❖ Sel casher au goût

Pour le pain plat
- ❖ 1/2 livre de pâte à pizza
- ❖ 1 bouquet d'oignons verts tranchés sur un angle dur
- ❖ 1 grosse poignée de persil à la menthe et de feuilles de basilic
- ❖ 1 cuillère à soupe de jus de citron
- ❖ Sel casher et poivre noir fraîchement concassé au goût
- ❖ Huile d'olive
- ❖ $\frac{1}{2}$ tasse de feta émiettée

PAS

1. Piquez l'aubergine partout avec une fourchette. Rôtissez-les sous le gril jusqu'à ce

que tous les côtés de la peau soient noircis et qu'ils soient doux. Placez l'aubergine dans un bol et couvrez d'une pellicule plastique. Laisser refroidir pendant 45 minutes.

2. Épluchez les aubergines et hachez l'intérieur, jetez la peau et ajoutez-les dans un grand bol propre.

3. Hachez finement l'ail, en ajoutant quelques pincées de sel pendant que vous hachez pour mélanger. Ajouter à l'aubergine. Ajouter le cumin, le paprika, l'huile d'olive et le jus de citron à l'aubergine et mélanger pour combiner. Ajouter le tahini, remuer pour combiner. Goûtez et ajustez le sel et le jus de citron au besoin.

4. Préchauffer le four à 450 degrés F.

5. Sur une surface légèrement farinée, abaisser la pâte fine en un rectangle de la taille d'une plaque de cuisson. Transférer sur une plaque à pâtisserie huilée, arroser d'huile d'olive. Cuire au four 8 à 12 minutes jusqu'à ce qu'il soit doré. Retirer du four et badigeonner avec le mélange d'aubergines.

6. Dans un petit bol, mélanger les oignons verts, la menthe, le persil et le basilic et mélanger avec le jus de citron, le sel et le poivre. Arroser d'huile d'olive et mélanger. Ajouter le mélange d'herbes sur la couche d'aubergine et terminer avec la feta. Sers immédiatement.

16. Couscous Méditerranéen au Thon et Pepperoncini

Ingrédients

- ❖ 1 tasse de bouillon de poulet ou d'eau
- ❖ $1\frac{1}{4}$ tasse de couscous
- ❖ $\frac{3}{4}$ cuillère à café de sel casher

ACCOMPAGNEMENTS
- ❖ Deux boîtes de 5 onces de thon dans l'huile
- ❖ 1 chopine de tomates cerises coupées en deux
- ❖ $\frac{1}{2}$ tasse de pepperoncini tranché
- ❖ $\frac{1}{3}$ tasse de persil frais haché
- ❖ $\frac{1}{4}$ tasse de câpres
- ❖ Huile d'olive extra vierge, pour servir
- ❖ Sel casher et poivre noir fraîchement moulu
- ❖ 1 citron, coupé en quartiers

PAS

1. FAITES LE COUSCOUS: Porter le bouillon ou l'eau à ébullition à feu moyen dans une petite casserole. Retirer la casserole du feu, incorporer le couscous et couvrir la casserole. Laisser reposer 10 minutes.

2. FAITES LES ACCOMPAGNEMENTS: Pendant ce temps, dans un bol moyen, mélanger le thon, les tomates, le pepperoncini, le persil et les câpres.

3.Égrainer le couscous avec une fourchette, assaisonner de sel et de poivre et arroser d'huile

d'olive. Garnir le couscous du mélange de thon et
servir avec des quartiers de citron.

17.Poivrons farcis à la salade de poulet au yogourt grec

INGRÉDIENTS

- ❖ ⅔ tasse de yogourt grec
- ❖ 2 cuillères à soupe de moutarde de Dijon
- ❖ 2 cuillères à soupe de vinaigre de riz assaisonné
- ❖ Sel casher et poivre noir fraîchement moulu
- ❖ ⅓ tasse de persil frais haché
- ❖ Viande de 1 poulet rôti, coupé en cubes
- ❖ 4 branches de céleri, tranchées
- ❖ 1 bouquet d'oignons verts, tranchés et divisés
- ❖ 1 chopine de tomates cerises, coupées en quartiers et divisées
- ❖ ½ concombre anglais, coupé en dés
- ❖ 3 poivrons, coupés en deux et épépinés

PAS

1. Dans un bol moyen, fouetter ensemble le yogourt grec, la moutarde et le vinaigre de riz; Assaisonnez avec du sel et du poivre. Incorporer le persil.
2. Ajouter le poulet, le céleri et les trois quarts des oignons verts, des tomates et des concombres. Remuez bien pour combiner.
3. Répartir la salade de poulet dans les barquettes de poivrons.
4. Garnir avec les oignons verts, les tomates et les concombres restants.

18 Assiette Mezze avec pain pita zaatar grillé

Ingrédients

- ❖ 4 rondelles de pain pita de blé entier
- ❖ 4 cuillères à soupe d'huile d'olive extra vierge
- ❖ 4 cuillères à café de zaatar
- ❖ 1 tasse de yogourt grec
- ❖ Sel casher et poivre noir fraîchement moulu
- ❖ 1 tasse de houmous
- ❖ 1 tasse de cœurs d'artichaut marinés
- ❖ 1 tasse de poivrons rouges rôtis tranchés
- ❖ 2 tasses d'olives assorties
- ❖ 2 tasses de tomates cerises
- ❖ 4 onces de salami

PAS

1. Chauffer une grande poêle à feu moyen-vif. Badigeonner les deux côtés de chaque pita d'huile d'olive et assaisonner avec le zaatar.
2. En travaillant par lots, ajouter le pita à la poêle et faire griller jusqu'à ce qu'il soit doré, environ 2 minutes de chaque côté. Trancher chaque pita en quartiers.
3. Assaisonnez le yogourt grec avec du sel et du poivre.
4. Pour assembler, répartissez les pitas, le yogourt grec, le houmous, les cœurs d'artichaut, les poivrons rouges rôtis, les

olives, les tomates et le salami dans quatre
assiettes.

19.Bol de saumon avec farro, haricots noirs et vinaigrette Tahini

Ingrédients

- ❖ 2 cuillères à soupe de tahini
- ❖ Zeste et jus d'un citron
- ❖ $\frac{1}{2}$ cuillère à café de curcuma, divisée
- ❖ $\frac{1}{4}$ cuillère à café d'ail en poudre
- ❖ 6 cuillères à soupe d'huile d'olive extra vierge, divisées
- ❖ Sel casher et poivre noir fraîchement moulu
- ❖ $\frac{1}{4}$ tasse de farro
- ❖ $\frac{1}{2}$ tasse de haricots noirs cuits
- ❖ $\frac{1}{2}$ cuillère à café de cumin
- ❖ 6 onces de saumon
- ❖ $1\frac{1}{2}$ cuillère à café de paprika fumé
- ❖ $\frac{1}{2}$ cuillère à café de coriandre
- ❖ 4 feuilles de laitue Boston
- ❖ $\frac{1}{2}$ avocat, tranché finement
- ❖ 2 oignons verts, tranchés finement
- ❖ $\frac{1}{4}$ de piment Fresno, tranché finement

PAS

1. Dans un petit bol, fouetter ensemble le tahini, le zeste de citron, le jus de citron, $\frac{1}{4}$ cuillère à café de curcuma et l'ail en poudre. Ajouter graduellement 3 cuillères à soupe d'huile d'olive et fouetter jusqu'à ce que la vinaigrette soit épaisse et bien émulsionnée. Assaisonnez avec du sel et du poivre.

2. Porter le farro et 1 tasse d'eau à ébullition dans une petite casserole à feu moyen. Réduire le feu à doux et laisser mijoter jusqu'à ce que le farro soit très tendre, 20 à 25 minutes. Mettre de côté.

3. Mélangez les haricots, 1 cuillère à soupe d'huile d'olive et le cumin dans un petit bol. Mettre de côté.

4. Assaisonner le saumon avec le paprika fumé, la coriandre, $\frac{1}{4}$ de cuillère à café de curcuma restant, le sel et le poivre. Chauffer les 2 cuillères à soupe d'huile d'olive restantes dans une poêle antiadhésive de taille moyenne à feu moyen. Ajouter le saumon et cuire, sans être dérangé, jusqu'à ce qu'il soit doré d'un côté et juste opaque au centre, environ 5 minutes.

5. Placez les feuilles de laitue dans la base de votre bol de service. Garnir du farro, des haricots noirs et du saumon. Garnir avec l'avocat, les oignons verts et le piment émincé; arroser de vinaigrette.

20 Brochettes de poulet grecques au citron avec sauce tzatziki

Ingrédients

SAUCE TZATZIKI

- ❖ 1 tasse de yogourt grec
- ❖ $\frac{1}{2}$ concombre européen, coupé en dés
- ❖ 1 cuillère à soupe d'huile d'olive extra vierge
- ❖ 2 cuillères à soupe de jus de citron
- ❖ Une pincée d'ail en poudre
- ❖ Sel et poivre noir fraîchement moulu
- ❖ $\frac{1}{4}$ tasse d'aneth frais haché

BROCHETTES

- ❖ $\frac{1}{4}$ tasse de yogourt grec
- ❖ Zeste et jus d'un citron
- ❖ 1 cuillère à café d'origan séché
- ❖ 1 cuillère à café d'ail en poudre
- ❖ Une pincée de poivre de Cayenne
- ❖ $1\frac{1}{2}$ livre de poitrine de poulet désossée et sans peau, coupée en lanières de $\frac{1}{2}$ pouce
- ❖ Huile d'olive extra vierge, au besoin
- ❖ Sel et poivre noir fraîchement moulu
- ❖ $\frac{1}{4}$ tasse de persil frais haché

PAS

1. préparer le tzatziki: dans un bol moyen, mélanger le yogourt avec le concombre, l'huile d'olive, le jus de citron et l'ail en poudre pour combiner. Assaisonner de sel et de poivre au goût, puis incorporer l'aneth.

2. préparer les brochettes: dans un petit bol, fouetter le yogourt avec le zeste de citron, le jus de citron, l'origan, l'ail en poudre et le poivre de Cayenne.

3. Dans un autre bol, frottez le poulet avec le mélange yogourt-citron pour bien l'enrober.

4. Placez un morceau de poulet sur chaque brochette, en tissant la bande d'avant en arrière pendant que vous l'enfilez sur la brochette pour la fixer.

5. Badigeonner les brochettes des deux côtés d'huile d'olive, puis assaisonner de sel et de poivre. En travaillant par lots, cuire sur un gril ou une lèchefrite préchauffés jusqu'à ce qu'ils soient bien carbonisés des deux côtés, 4 à 5 minutes de chaque côté.

6. Servir immédiatement, garni de persil et de sauce tzatziki à part.

Ingrédients

21.La pizza aux aubergines est faible en glucides, sans gluten

Ingrédients

- ❖ 1 grande (ou 2 moyennes) aubergines
- ❖ ⅓ tasse d'huile d'olive
- ❖ Sel et poivre noir fraîchement moulu
- ❖ $1\frac{1}{4}$ tasse de sauce marinara (du commerce ou faite maison)
- ❖ $1\frac{1}{2}$ tasse de fromage mozzarella râpé
- ❖ 2 tasses de tomates cerises, coupées en deux
- ❖ $\frac{1}{2}$ tasse de feuilles de basilic déchirées

PAS

1. Préchauffer le four à 400 ° F. Tapisser une plaque à pâtisserie de papier sulfurisé.
2. Coupez les extrémités des aubergines, puis coupez-les en tranches de $\frac{3}{4}$ de pouce d'épaisseur. Disposer les tranches sur les plaques à pâtisserie préparées et badigeonner les deux côtés de chaque tranche d'huile d'olive. Assaisonnez avec du sel et du poivre.
3. Rôtir les tranches d'aubergine jusqu'à ce qu'elles soient presque tendres, de 10 à 12 minutes.
4. Retirez les plaques du four et étalez 2 cuillères à soupe de sauce marinara sur chaque morceau. Garnir généreusement de mozzarella et disposer 3 à 5 morceaux de tomates cerises sur chacun.

5. Remettre les pizzas au four et rôtir jusqu'à ce que le fromage soit fondu et que les tomates soient cloquées, 5 à 7 minutes de plus.
6. Servir les pizzas chaudes, garnies de basilic.

22. Zoodles au citron froid

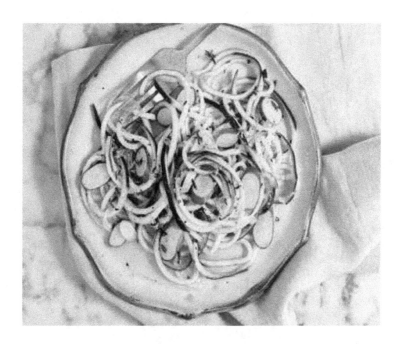

Ingrédients

- ❖ 1 citron, zesté et pressé
- ❖ ½ cuillère à café de moutarde de Dijon
- ❖ ½ cuillère à café d'ail en poudre
- ❖ ⅓ tasse d'huile d'olive
- ❖ Sel et poivre noir fraîchement moulu
- ❖ 3 courgettes moyennes, coupées en nouilles (à l'aide d'un gadget comme celui-ci)
- ❖ 1 bouquet de radis, tranché finement
- ❖ 1 cuillère à soupe de thym frais haché

PAS

1. Dans un petit bol, fouettez le zeste de citron, le jus de citron, la moutarde et l'ail en poudre pour combiner.

2. Ajoutez progressivement l'huile d'olive et fouettez pour combiner. Assaisonnez avec du sel et du poivre.

3. Dans un grand bol, mélanger les nouilles aux courgettes avec les radis. Ajouter la vinaigrette et mélanger jusqu'à ce que les légumes soient bien enrobés.

4. Servir immédiatement, garni de thym frais.

23 Aubergines farcies

Ingrédients

❖ 2 aubergines moyennes, coupées en deux
❖ 3 cuillères à soupe d'huile d'olive, divisées
❖ 1 oignon rouge, coupé en dés
❖ 2 gousses d'ail émincées
❖ 1 chopine de champignons cremini, coupés en quartiers
❖ 2 tasses de chou frisé déchiré
❖ 2 tasses de quinoa cuit
❖ 1 cuillère à soupe de thym frais haché
❖ Le zeste et le jus d'un citron (plus des quartiers de citron supplémentaires pour le service)
❖ Sel et poivre noir fraîchement moulu
❖ $\frac{1}{2}$ tasse de yogourt grec nature
❖ 3 cuillères à soupe de persil frais haché pour la garniture

PAS

1. Préchauffez le four à 400 ° F. Tapisser une plaque à pâtisserie de papier sulfurisé.

À l'aide d'une cuillère, prélevez un tiers de la chair à l'intérieur des aubergines (vous pouvez la mettre de côté pour d'autres usages ou la jeter). Frotter l'intérieur de chaque moitié d'aubergine avec $1\frac{1}{2}$ cuillère à café d'huile d'olive et transférer sur la plaque à pâtisserie préparée.

3. Ajouter la 1 cuillère à soupe d'huile d'olive restante dans une grande poêle et chauffer à feu moyen. Ajouter l'oignon et faire revenir jusqu'à ce qu'il soit tendre, 3 à 4 minutes. Ajouter l'ail et cuire jusqu'à ce qu'il soit parfumé, 1 minute de plus.

4. Ajouter les champignons et cuire jusqu'à ce qu'ils soient tendres pendant 4 à 5 minutes. Incorporer le chou frisé et le quinoa et cuire jusqu'à ce que le chou soit légèrement flétri de 2 à 3 minutes. Assaisonner le mélange avec le thym, le zeste de citron et le jus, le sel et le poivre.

5. Verser la garniture dans les aubergines préparées et rôtir jusqu'à ce que les aubergines soient tendres mais ne s'effondrent pas, 17 à 20 minutes. Laisser refroidir 5 minutes.

6. Servir l'aubergine immédiatement, garnie de persil et accompagnée de yogourt et de quartiers de citron supplémentaires.

24 Bols de grains de saumon sauvage d'Alaska et de concombre écrasé

Ingrédients

- ❖ 2 tasses de farro
- ❖ Jus de 2 citrons
- ❖ 2 cuillères à soupe de moutarde de Dijon
- ❖ 1 gousse d'ail émincée
- ❖ ⅓ tasse plus 2 cuillères à soupe d'huile d'olive extra vierge
- ❖ Sel casher et poivre noir fraîchement moulu
- ❖ 1 concombre européen, coupé en morceaux de 1 pouce
- ❖ ¼ tasse de vinaigre de riz assaisonné
- ❖ ¼ tasse de persil frais haché
- ❖ ¼ tasse de menthe fraîche hachée
- ❖ ¼ tasse d'aneth frais haché
- ❖ Quatre filets de saumon rouge d'Alaska sauvage de 6 onces

PAS

1. Porter à ébullition une grande casserole d'eau salée. Ajouter le farro à l'eau bouillante et cuire jusqu'à ce qu'il soit tendre, 25 à 30 minutes. Drainer.

2. Transférer le farro dans un bol moyen. Incorporer le jus de citron, la moutarde, l'ail et⅓tasse d'huile d'olive; Assaisonnez avec du sel et du poivre.

3. Dans un autre bol moyen, écrasez grossièrement les morceaux de concombre avec une grande fourchette. Ajouter le vinaigre de riz et mélanger

pour combiner. Assaisonner de sel et de poivre et ajouter le persil, la menthe et l'aneth.

4. Dans une grande poêle, chauffer les 2 cuillères à soupe d'huile d'olive restantes à feu moyen. Assaisonnez le saumon avec du sel et du poivre. Ajouter les filets à l'huile chaude et cuire jusqu'à la cuisson désirée, 8 à 10 minutes.

5. Pour servir, répartissez le farro dans quatre bols. Briser grossièrement un filet de saumon dans chaque bol et garnir de concombres et d'herbes.

25. Poulet grec rôti et salade de farro avec frites au four.

INGRÉDIENTS

- ❖ 1 livre de poitrines de poulet désossées
- ❖ 2 cuillères à soupe d'huile d'olive extra vierge
- ❖ 2 cuillères à soupe de vinaigre balsamique
- ❖ 1 cuillère à soupe d'aneth frais haché
- ❖ 1 cuillère à soupe d'origan frais haché
- ❖ 1 cuillère à soupe de paprika
- ❖ 2 gousses d'ail, émincées ou râpées
- ❖ sel et poivre casher
- ❖ 1 livre de pommes de terre rousses, coupées en quartiers
- ❖ 1-2 poivrons rouges, tranchés
- ❖ 2 tasses de farro cuit ou autre grain ancien
- ❖ 1 tête de laitue au beurre, grossièrement déchirée
- ❖ 8 onces de feta, coupées en cubes
- ❖ tzatziki (ou yogourt), olives, concombre, oignon rouge, pour servir

PAS

1. Préchauffez le four à 425 degrés F.
2. Sur une plaque à pâtisserie à rebords, mélanger le poulet, 1 cuillère à soupe d'huile d'olive, le vinaigre balsamique, l'aneth, l'origan, le paprika, l'ail et une grosse pincée de sel et de poivre. Bien mélanger pour enrober le poulet uniformément. Ajouter les pommes de terre et les poivrons et mélanger avec 1 cuillère à

soupe d'huile d'olive restante et une pincée de sel et de poivre. Organisez tout dans une couche uniforme. Rôtir pendant 40 à 45 minutes, en remuant à mi-cuisson jusqu'à ce que le poulet soit bien cuit et que les pommes de terre soient dorées. Laisser refroidir légèrement le poulet, puis le couper en morceaux.

3. Pour assembler: étalez un peu de tzatziki dans le fond de 4 saladiers. Ajouter le farro, la laitue, les poivrons, les pommes de terre et le poulet. Saupoudrer la feta et garnir comme vous le souhaitez d'olives, de concombre et d'oignon rouge. Arroser de vinaigrette au vin rouge (recette ci-dessous).

26 BOLS DE QUINOA GRIS

Ingrédients

- ❖ 1 tasse de quinoa
  - ○ tasses d'eau
- ❖ 1 tasse de poivron vert haché
- ❖ 1 tasse de poivron rouge haché
- ❖ 1/3 tasse de fromage feta émietté
- ❖ 1/4 tasse d'huile d'olive extra vierge
- ❖ 2-3 cuillères à soupe de vinaigre de cidre de pomme
- ❖ sel et poivre au goût
- ❖ 1 à 2 cuillères à soupe de persil frais

EXTRAS SAVOUREUX:
- ❖ Hoummous
- ❖ Quartiers de pita
- ❖ Olives
- ❖ Tomates fraîches
- ❖ Avocat tranché ou haché
- ❖ quartiers de citron

PAS

1. Tout d'abord, rincez et égouttez votre quinoa à l'aide d'une passoire en filet ou d'un tamis.
2. Porter une casserole moyenne à feu moyen et griller légèrement le quinoa pour éliminer tout excès d'eau. Remuez pendant qu'il grille pendant quelques minutes. Cette étape est

facultative mais ajoute au facteur de noisette et de peluche du quinoa!

3. Ensuite, ajoutez votre eau, réglez le brûleur sur haut et portez à ébullition.

4. Une fois à ébullition, réduire le feu à doux et laisser mijoter, couvert avec le couvercle légèrement entrouvert, pendant 12-13 minutes ou jusqu'à ce que le quinoa soit mousseux et que le liquide soit absorbé.

5. Pendant la cuisson du quinoa, hachez et préparez les ingrédients restants et fouettez ensemble les ingrédients de la vinaigrette.

6. Sortez votre quinoa maintenant moelleux de la casserole et donnez-lui un peu de peluche avec une fourchette.

7. Pour une salade fraîche, vous pouvez faire sauter le quinoa au réfrigérateur pendant quelques minutes avant d'ajouter vos légumes ou le laisser refroidir sur le comptoir pendant quelques minutes pour un bol de quinoa à température ambiante. Tout à vous!

8. Pour la vinaigrette super simple, fouettez ensemble l'huile d'olive, le vinaigre de cidre de pomme, le sel et le poivre. Comme c'était facile!? Versez sur votre bol de quinoa et mélangez avec une paire de fourchettes ou de couverts à salade et creusez. Au. dans.

9. Ajoutez du sel et du poivre supplémentaires au goût, si vous le souhaitez.

27 SALADE DE POMMES DE TERRE HARISSA

INGRÉDIENTS

- ❖ 1 1/2 lb de pommes de terre grelots (laissez les peaux en place)
- ❖ 2 cuillères à soupe de pâte de harissa
- ❖ 6 onces de yogourt grec faible en gras ou sans gras
- ❖ 1/4 c. À thé sel
- ❖ 1/4 c. À thé poivre
- ❖ Jus de 1 citron
- ❖ 1/4 tasse d'oignon rouge finement coupé en dés
- ❖ 1/4 tasse de coriandre ou de persil frais, haché grossièrement

PAS

1. Placez les pommes de terre dans une grande casserole et couvrez-les de 1 à 2 pouces d'eau froide salée. Porter l'eau à ébullition à feu moyen-vif. Ensuite, faites cuire les pommes de terre, à découvert, jusqu'à ce qu'elles soient tendres à la fourchette, environ 9 à 11 minutes. Égouttez les pommes de terre et laissez-les refroidir légèrement.

2. Pendant ce temps, dans un petit bol, fouetter ensemble la harissa, le yogourt grec, le sel, le poivre et le jus de citron.

3. Transférer les pommes de terre encore chaudes dans un grand bol. Ajouter la vinaigrette et incorporer doucement jusqu'à ce que les pommes de terre soient bien enrobées. Incorporez ensuite délicatement l'oignon rouge coupé en dés et les herbes.
4. Servir immédiatement encore chaud, à température ambiante ou après avoir été réfrigéré.
5. Les restes peuvent être conservés dans un contenant hermétique dans votre réfrigérateur pendant 2-3 jours.

28 Salade Grecque Fattoush

Ingrédients

Pour la salade:

❖ 2 pitas de blé entier ou ronds de pain plat blancs fonctionnent bien aussi

❖ 2 cuillères à soupe d'huile d'olive

❖ 1/4 cuillère à café de sel casher

❖ 4 tasses de laitue romaine hachée

❖ 1 concombre moyen pelé, coupé en quartiers et tranché

❖ 1 poivron jaune coupé en morceaux de 3/4 po

❖ 1/2 chopine 1 tasse de tomates cerises, coupées en deux

❖ 1/2 petit oignon rouge tranché finement

❖ 1/2 tasse de feuilles de persil italien plat

❖ 1/2 tasse d'olives Kalamata coupées en deux

❖ 3/4 tasse de fromage feta émietté

Pour la vinaigrette:

❖ 1/3 tasse d'huile d'olive

❖ 2 cuillères à soupe de vinaigre de vin rouge

❖ 1 petite gousse d'ail émincée

❖ 1/2 cuillère à café d'origan séché

❖ 1/4 cuillère à café de sel casher

❖ 1/8 cuillère à café de poivre noir fraîchement moulu

PAS

1. Préchauffer le four à 350 ° F.

2. Coupez les noyaux en deux et placez-les sur une plaque à pâtisserie. Cuire au four, en les retournant une fois, jusqu'à ce qu'ils soient dorés et grillés, de 10 à 15 minutes. Laisser refroidir.

3. Cassez ou coupez les pitas grillés en morceaux de la taille d'une bouchée (1 pouce). Ajoutez-les dans un bol moyen et versez 2 cuillères à soupe d'huile d'olive sur le pain. Remuez pour enrober. Saupoudrer de sel casher et mélanger à nouveau pour répartir. Mettre de côté.

4. Dans un grand bol, ajoutez la laitue, le concombre, le poivron, les tomates, l'oignon, le persil et les olives. Lancer.

5. Préparez la vinaigrette. Dans un petit bol, ajoutez 1/3 tasse d'huile d'olive, le vinaigre, l'ail, l'origan, le sel et le poivre. Fouetter jusqu'à homogénéité.

6. Ajouter les morceaux de pain pita et la feta à la salade. Arrosez le dessus de la vinaigrette. Mélangez doucement pour combiner. Sers immédiatement.

29 SOUPE DE POULET AU CITRON VERT

INGRÉDIENTS:

- ❖ 2 cuillères à soupe d'huile d'olive, divisées
- ❖ 1 livre de cuisses de poulet désossées et sans peau, coupées en morceaux de 1 pouce
- ❖ Sel casher et poivre noir fraîchement moulu
- ❖ 4 gousses d'ail émincées
- ❖ 1 oignon, coupé en dés
- ❖ 3 carottes, pelées et coupées en dés
- ❖ 2 branches de céleri, coupées en dés
- ❖ 1/2 cuillère à café de thym séché
- ❖ 8 tasses de bouillon de poulet
- ❖ 2 feuilles de laurier
- ❖ 2 boîtes (15,5 onces) de haricots cannellini, rincés et égouttés
- ❖ 4 tasses de bébés épinards
- ❖ 2 cuillères à soupe de jus de citron fraîchement pressé, ou plus, au goût
- ❖ 2 cuillères à soupe de feuilles de persil frais hachées
- ❖ 2 cuillères à soupe d'aneth frais haché

PAS

1. Faites chauffer 1 cuillère à soupe d'huile d'olive dans une grande marmite ou une cocotte à feu moyen. Assaisonner les cuisses de poulet avec du sel et du poivre au goût. Ajouter le poulet à la marmite et cuire jusqu'à

ce qu'il soit doré, environ 2-3 minutes; mettre de côté.

2. Ajouter 1 cuillère à soupe d'huile restante dans la marmite. Ajouter l'ail, l'oignon, les carottes et le céleri. Cuire, en remuant de temps en temps, jusqu'à tendreté, environ 3-4 minutes. Incorporer le thym jusqu'à ce qu'il soit parfumé, environ 1 minute.

3. Incorporer le bouillon de poulet et les feuilles de laurier. Porter à ébullition; réduire le feu et incorporer les haricots cannellini et le poulet, en remuant de temps en temps, jusqu'à ce qu'ils épaississent légèrement, environ 10 à 15 minutes.

4. Incorporer les épinards jusqu'à ce qu'ils soient fanés, environ 2 minutes. Incorporer le jus de citron, le persil et l'aneth; Assaisonnez avec du sel et du poivre selon votre goût.

5. Sers immédiatement.

30 Tasses de petit-déjeuner Caprese aux œufs au micro-ondes

Ingrédients

- ❖ 2 tranches de jambon émincé
- ❖ Mozzarella ou provolone râpée ou un mélange des deux
- ❖ 2 oeufs
- ❖ Sauce pesto au basilic
- ❖ Tomates cerises coupées en deux
- ❖ Sel casher et poivre noir fraîchement moulu
- ❖ Feuilles de basilic frais si désiré

PAS

1. Superposez les tranches de jambon sur le fond et sur les côtés d'un ramequin ou d'un petit bol, en les pressant dans les plis et en ébouriffant les bords, puis saupoudrez de fromage.
2. Cassez les œufs dans les ramequins et ajoutez une cuillerée de pesto sur les œufs avec quelques moitiés de tomates cerises et assaisonnez avec du sel casher et du poivre noir fraîchement moulu.
3. Mettre au micro-ondes et couvrir avec une plaque à micro-ondes et cuire à puissance élevée pendant 1 minute et 30 secondes ou jusqu'à ce que les blancs soient pris, en ajoutant 20 secondes supplémentaires si nécessaire. Tous les micro-ondes cuisent

différemment, alors jouez avec la durée. Si vous faites cuire plus d'un ensemble d'œufs à la fois, prévoyez plus de temps de cuisson. Garnir de feuilles de basilic frais et plus de sel casher et de poivre noir si désiré.

31. Mini frittatas méditerranéennes

Ingrédients

- ❖ 6 gros œufs
- ❖ 1/4 tasse de lait ou moitié-moitié
- ❖ Sel casher et poivre noir fraîchement moulu
- ❖ $\frac{1}{4}$ tasse d'artichauts dans l'huile égouttés et tranchés finement
- ❖ $\frac{1}{3}$ tasse d'olives kalamata dénoyautées, égouttées et coupées en quartiers
- ❖ $\frac{1}{4}$ tasse de poivrons rouges en bouteille égouttés et hachés
- ❖ $\frac{1}{2}$ tasse de tomates séchées dans l'huile égouttées et hachées
- ❖ $\frac{1}{4}$ de fromage asiago râpé
- ❖ $\frac{1}{4}$ de fromage feta émietté
- ❖ $\frac{1}{4}$ tasse de persil plat italien haché

PAS

1. Préchauffez le four à 375 degrés F.
2. Vaporiser 2 mini moules à muffins (de 12 tasses chacun) d'un enduit à cuisson. (J'utilise ce mini moule à muffins
3. Mettez les œufs et le lait, ou moitié-moitié, dans un mélangeur et mélangez pendant 1 à 2 minutes.
4. Remplissez chaque moule à muffins aux $\frac{3}{4}$ du mélange d'œufs.

5. Si vous utilisez des arômes marinés ou emballés, égouttez l'huile des légumes avant de les hacher. Répartir uniformément les tranches d'artichaut, les olives kalamata, les poivrons rouges, les tomates séchées au soleil et le fromage asiago dans les moules à muffins. Remplissez les moules jusqu'au dessus avec plus de mélange d'œufs, puis saupoudrez de feta et de persil.

6. Cuire au four jusqu'à ce que l'œuf soit pris, environ 10 à 12 minutes. Les œufs se dégonflent un peu une fois sortis du four et en refroidissant.

7. Passez un couteau sur les bords des frittatas pour les détacher des moules à muffins. Servir immédiatement ou à température ambiante.

32. Toast à l'avocat et à l'avocat

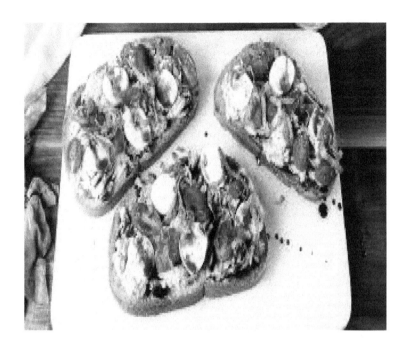

Ingrédients

- ❖ 1 tranche de pain grillé de blé entier
- ❖ 1-2 cuillères à café d'huile de lin
- ❖ 1/2 avocat, pelé et tranché ou écrasé
- ❖ 1/3 tasse de fromage cottage faible en gras
- ❖ 1 petite tomate (j'aime les tomates Campari)
- ❖ Feuilles de basilic, pour la garniture
- ❖ Sel de mer en flocons j'aime celui-ci

PAS

1. Faire griller le pain et arroser d'huile de lin.
2. Superposez l'avocat, le fromage cottage et la tomate.
3. Garnir de feuilles de basilic et de sel de mer en flocons et arroser d'un peu plus d'huile de lin, si désiré.

33. Strates méditerranéennes et favoris du vendredi

Ingrédients

- ❖ 3 cuillères à soupe de beurre
- ❖ 2 gousses d'ail émincées
- ❖ 2 échalotes émincées
- ❖ 1 tasse de champignons de Paris tranchés
- ❖ 1 cuillère à café de feuilles de marjolaine séchées
- ❖ 6 tasses de pain blanc coupé en morceaux de 1/2 pouce
- ❖ 1/2 tasse de cœurs d'artichaut coupés en 1 / 8ème
- ❖ 1/4 tasse d'olives Kalamata coupées en quartiers
- ❖ 1/4 tasse de tomates séchées au soleil marinées émincées
- ❖ 1/4 tasse de parmesan râpé plus un supplément pour la garniture
- ❖ 4 onces ou 1 tasse de boules de mozzarella fraîche Ciliegine coupées en deux
- ❖ 6 oeufs
- ❖ 1 1/2 tasse moitié-moitié
- ❖ 1/4 tasse de feuilles de basilic émincées
- ❖ Sel casher

PAS

1. Faites fondre 1 cuillère à soupe de beurre. Pour les strates individuelles, brossez

l'intérieur de quatre plats de 1 tasse. Si vous servez de style familial, badigeonnez l'intérieur d'un plat allant au four de 2 litres.

2. Préchauffer le four à 325 ° F.

3. Dans une grande poêle à feu moyen, faites fondre les 2 cuillères à soupe de beurre restantes. Ajouter l'ail et l'échalote; faire sauter pendant 2 minutes. Ajouter les champignons et la marjolaine et cuire encore 4 minutes. Retirer du feu et placer le mélange de champignons dans un grand bol avec les morceaux de pain, les cœurs d'artichaut, les olives kalamata, les tomates séchées au soleil, le parmesan et la mozzarella fraîche et remuer pour bien mélanger. Assaisonner légèrement avec du sel casher. Remplissez uniformément les plats de cuisson avec le mélange de pain.

4. Dans une tasse à mesurer liquide de 4 tasses, mélanger les œufs avec la moitié et la moitié et verser uniformément 1 tasse de mélange d'œufs sur le pain dans chaque plat. Garnir de basilic et plus de parmesan.

5. Placer les plats de cuisson sur une plaque à pâtisserie et cuire au four pendant 50 minutes ou jusqu'à ce que les œufs aient pris. Retirer du four et laisser reposer 5 minutes avant de servir.

34 Salade de poulet à la grecque gyro

Ingrédients

- ❖ 6 tasses de laitue romaine hachée
- ❖ 1 poitrine de poulet marinée à la grecque de 8 onces, tranchée ou hachée
- ❖ 1 boîte de 15 onces de pois chiches égouttés
- ❖ 1 tasse de tomates cerises tranchées
- ❖ 1 tasse de concombre tranché
- ❖ 1/2 avocat haché
- ❖ 1/4 tasse d'olives kalamata tranchées
- ❖ 1/4 tasse d'oignon rouge tranché
- ❖ 2 poches de pain pita
- ❖ Huile de canola en spray
- ❖ Paprika
- ❖ 1/4 tasse d'huile d'olive extra vierge
- ❖ 1/4 tasse de vinaigre de vin rouge
- ❖ 1 gousse d'ail pelée et émincée
- ❖ 2 cuillères à café d'origan
- ❖ 1 cuillère à café de sucre
- ❖ 1/2 cuillère à café de sel casher et de poivre noir fraîchement moulu
- ❖ Sauce tzatziki maison pour arroser

PAS

1. Ajouter la laitue dans un grand bol de service et garnir du poulet tranché, des pois chiches, des tomates, du concombre, de l'avocat, des olives et de l'oignon rouge.

2. Couper les morceaux de pain pita en triangles et vaporiser d'huile de canola. Saupoudrer de paprika et griller jusqu'à ce qu'elles soient dorées. Saupoudrer de sel casher.
3. Pour préparer la vinaigrette, ajoutez l'huile d'olive, le vinaigre de vin rouge, l'ail, l'origan, le sucre, le sel et le poivre dans un petit pot de conserve. Garnir avec le couvercle et bien agiter jusqu'à homogénéité et émulsion. Assaisonner avec plus de sucre, de sel et de poivre au goût.
4. Versez la vinaigrette sur la salade et mélangez au goût. Arroser de tzatziki au goût.

35 Salade de thon toscan et haricots blancs

Ingrédients

- ❖ 4 tasses de roquette (ou d'épinards ou autre laitue préférée)
- ❖ 15 onces de haricots cannellini, rincés et égouttés (ou haricots Great Northern)
- ❖ 5 onces de thon germon blanc emballé dans de l'eau, égoutté
- ❖ 1/2 tasse de tomates cerises, coupées en deux
- ❖ 1/4 tasse d'olives tranchées (vertes, Kalamata ou votre variété préférée)
- ❖ Oignon rouge émincé
- ❖ 2 cuillères à soupe d'huile d'olive extra vierge
- ❖ 1/2 citron
- ❖ 1/4 tasse de fromage feta émietté
- ❖ Sel casher et poivre noir fraîchement moulu

PAS

1. Dans un grand bol ou deux petits bols, mélanger la roquette, les haricots blancs, le thon, les tomates, les olives et l'oignon rouge.
2. Arroser d'huile d'olive et du jus de citron. Mélanger pour combiner.
3. Garnir de fromage feta émietté et assaisonner au goût avec du sel casher et du poivre noir.

36 Salade de pois chiches aux herbes méditerranéennes extravagantes

Ingrédients

- ❖ 30 onces de pois chiches (pois chiches), rincés et égouttés (ou 3 tasses de pois chiches cuits)
- ❖ 1 poivron rouge moyen, haché
- ❖ 1 1/2 tasse de persil plat frais haché, environ 1 bouquet
- ❖ 1/2 tasse d'oignon rouge haché
- ❖ 1/2 tasse de céleri haché et de feuilles, environ 2 côtes
- ❖ 3 cuillères à soupe d'huile d'olive extra vierge
- ❖ 3 cuillères à soupe de jus de citron (de 1 à 1 1/2 citrons)
- ❖ 2 gousses d'ail, pressées ou émincées
- ❖ 1/2 cuillère à café de sel casher
- ❖ 1/2 cuillère à café de poivre noir fraîchement moulu

PAS

1. Dans un grand bol, ajoutez les pois chiches, le poivron, le persil, l'oignon rouge et le céleri.
2. Dans un petit bol, fouetter ensemble l'huile d'olive, le jus de citron, l'ail et assaisonner au goût avec le sel casher et le poivre noir fraîchement moulu. Ajouter la vinaigrette au mélange de pois chiches et mélanger pour enrober.

3. Servir immédiatement ou réfrigérer jusqu'à 4 jours. Avant de servir, ajoutez plus de sel et de poivre au goût.

37 Salade Caprese à l'avocat et 5 salades croquantes à l'avocat

Ingrédients

- ❖ 2 tasses de roquette fraîche
- ❖ 2-3 tomates Campari ou style cocktail tranchées
- ❖ 1/2 avocat dénoyauté et tranché
- ❖ 3 tranches de fromage mozzarella frais
- ❖ feuilles de basilic frais
- ❖ 1 cuillère à soupe d'huile d'olive extra vierge Je préfère la plus fruitée, la plus légère
- ❖ 1 1/2 cuillère à café de vinaigre balsamique
- ❖ généreuse pincée de sucre ou cuillerée de miel
- ❖ sel casher et poivre noir fraîchement moulu

PAS

1. Assemblez la roquette, la tomate, les tranches d'avocat et la mozzarella dans un bol de service. Garnir de feuilles de basilic déchirées ou émincées. Fouettez l'huile d'olive extra vierge dans un petit bol avec le vinaigre balsamique, le sucre ou le miel et assaisonnez avec du sel casher et du poivre noir fraîchement moulu au goût et versez sur la salade. Remuer pour enrober et servir.

38 Salade de crevettes aux agrumes et d'avocat

Ingrédients

- ❖ 1 livre de crevettes moyennes poêlées aux agrumes (j'utilise 31/40 crevettes)
- ❖ 8 tasses de légumes verts (comme la roquette, les épinards ou le mélange printanier)
- ❖ Huile d'olive extra vierge fruitée ou citronnée
- ❖ Jus de 1/2 citron ou 1/2 orange
- ❖ 1 avocat, tranché ou coupé en dés
- ❖ 1 échalote, émincée
- ❖ 4 onces d'amandes tranchées, grillées
- ❖ Sel casher et poivre noir fraîchement moulu

PAS

2. Préparez la recette des crevettes poêlées aux agrumes ou réchauffez doucement les restes de crevettes. Ou, si vous préférez, servez les crevettes fraîches.
3. Mélangez les crevettes avec les salades vertes dans un grand bol.
4. Arrosez légèrement d'huile d'olive et, si vous le souhaitez, une partie de la sauce restante des crevettes avec une généreuse pression d'agrumes, et mélangez légèrement pour enrober.
5. Ajouter l'avocat, les échalotes et les amandes tranchées, puis assaisonner avec du sel casher et du poivre noir fraîchement moulu et servir.

39.Couscous facile à la tomate séchée au soleil et à la feta

Ingrédients

- ❖ 1/3 tasse de pignons de pin décortiqués
- ❖ 1 cuillère à soupe d'huile d'olive
- ❖ 1/2 cuillère à café de sel casher
- ❖ 1 1/2 tasse de couscous
- ❖ 1/3 tasse de tomates séchées au soleil dans l'huile, égouttées et coupées en dés
- ❖ 1/3 tasse de fromage feta émietté
- ❖ 1/4 tasse d'oignon vert haché

PAS

1. Dans une poêle à frire sèche et antiadhésive à feu moyen-vif, faire griller les pignons de pin, souvent en les remuant, jusqu'à ce qu'ils soient dorés, environ 3-4 minutes. Assurez-vous de les surveiller de près, car ils peuvent brûler rapidement une fois qu'ils deviennent chauds. Mettre de côté.

2. Dans une casserole moyenne, porter 1 1/4 tasse d'eau à ébullition. Incorporer le couscous, l'huile d'olive et le sel casher, couvrir et retirer du feu. Laisser reposer 5 minutes.

3. Égrainer le couscous avec une fourchette et incorporer les tomates séchées au soleil, le fromage feta, l'oignon vert haché et les

pignons de pin. Ce plat peut être servi chaud ou à température ambiante.

40.Bette à carde et pois chiches

Ingrédients

- ❖ 1 cuillère à soupe d'huile d'olive divisée
- ❖ 2 bouquets de tiges de centre de blettes coupées et jetées et les feuilles hachées grossièrement
- ❖ 2 tasses de bouillon de poulet ou de légumes à faible teneur en sodium
- ❖ 2 échalotes moyennes hachées finement (environ 1/2 tasse) 6 gousses d'ail moyennes, émincées
- ❖ 15,5 onces boîte de pois chiches pois chiches, rincés et égouttés
- ❖ 2 cuillères à soupe de jus de citron fraîchement pressé
- ❖ Sel et poivre noir fraîchement moulu au goût
- ❖ 1/2 tasse de fromage feta émietté facultatif

PAS

1. Dans une grande poêle, chauffer 1 cuillère à soupe d'huile d'olive à feu moyen-vif. Ajouter la moitié des blettes et cuire 1 à 2 minutes. Lorsque la première moitié est fanée, ajoutez les blettes restantes. Lorsque toutes les blettes sont fanées, ajoutez le bouillon de poulet. Couvrir la poêle et cuire les blettes jusqu'à ce qu'elles soient tendres, environ 10

minutes. Égouttez les blettes à travers un tamis fin (passoire) et mettez-les de côté.

2. Essuyez la poêle et faites chauffer 1 cuillère à soupe d'huile d'olive restante à feu moyen-vif. Ajouter les échalotes et l'ail et cuire en remuant jusqu'à ce qu'ils soient ramollis, environ 2 minutes. Ajouter les blettes et les pois chiches et cuire jusqu'à ce qu'ils soient chauds pendant 3 à 4 minutes. Arrosez le mélange de jus de citron et assaisonnez de sel et de poivre au goût. Saupoudrer de fromage juste avant de servir, si désiré.

41 Salade grecque à l'avocat

Ingrédients

- ❖ 2 concombres anglais pelés en rayures et coupés en tranches de 1/2 pouce
- ❖ 1 1/2 livres de tomates moyennes J'utilise des tomates cocktail, épépinées et coupées en quartiers
- ❖ 1/4 petit oignon rouge tranché finement
- ❖ 1 1/2 tasse d'olives kalamata dénoyautées et coupées en deux
- ❖ 1/4 tasse de persil plat italien haché
- ❖ 2 avocats dénoyautés et coupés en morceaux
- ❖ 1 tasse de fromage feta brisé en gros morceaux
- ❖ 1/2 tasse d'huile d'olive extra vierge
- ❖ 1/2 tasse de vinaigre de vin rouge
- ❖ 2 gousses d'ail pelées et émincées
- ❖ 1 cuillère à soupe d'origan
- ❖ 2 cuillères à café de sucre
- ❖ 1 cuillère à café de sel casher et de poivre noir fraîchement moulu

PAS

1. Dans un grand bol de service, mélanger les concombres, les tomates, l'oignon rouge, les olives kalamata et le persil. Placez l'avocat dans un petit bol et mettez-le de côté.

2. Dans un petit pot de conserve, mélanger l'huile d'olive, le vinaigre de vin rouge, l'ail, l'origan, le sucre, le sel et le poivre. Garnir avec le couvercle et bien agiter jusqu'à homogénéité et émulsion. Assaisonner avec plus de sucre, de sel et de poivre au goût.

3. Versez 1 cuillère à soupe de vinaigrette sur l'avocat tranché et mélangez doucement pour enrober. Versez le reste de la vinaigrette sur le mélange de concombre et remuez pour enrober. Ajouter l'avocat à la salade et garnir de morceaux de fromage feta et servir.

42 Salade de couscous d'automne

Ingrédients

- ❖ 8 onces de couscous israélien ou perlé environ 1 $\frac{1}{2}$ tasse
- ❖ 1 cuillère à soupe d'huile d'olive
- ❖ 1 échalote coupée en dés, environ 2 cuillères à soupe
- ❖ 1 bulbe de fenouil coupé en dés, environ 1 tasse
- ❖ 2 $\frac{1}{2}$ tasses de courge musquée pelée, épépinée et coupée en dés
- ❖ 3 cuillères à soupe de sauge fraîche hachée
- ❖ $\frac{3}{4}$ tasse de canneberges séchées
- ❖ $\frac{1}{2}$ tasse de groseilles séchées
- ❖ 1 $\frac{1}{2}$ tasse de jus de pomme réservant $\frac{1}{4}$ tasse de jus cuit
- ❖ $\frac{1}{4}$ tasse d'huile de canola
- ❖ 3 cuillères à soupe de vinaigre de vin rouge
- ❖ sel et poivre casher
- ❖ 1 cuillère à soupe de persil haché

PAS

1. Porter l'eau à ébullition dans une casserole de taille moyenne, ajouter le couscous et porter à ébullition, puis baisser à feu moyen et cuire jusqu'à al dente, environ 8 minutes. Égoutter dans une passoire, mais ne pas rincer. Réserver dans un bol à mélanger pour refroidir.

2. Chauffer l'huile d'olive dans une grande sauteuse à feu moyen-vif. Ajouter l'échalote et cuire 1 minute en remuant souvent. Ajouter le fenouil coupé en dés et cuire encore 5 minutes ou jusqu'à ce que le fenouil ramollisse. Ajouter la courge musquée, la sauge, les canneberges, les raisins de Corinthe et le jus de pomme et cuire 15 minutes ou jusqu'à ce que la courge musquée soit ramollie et que presque tout le jus de pomme soit cuit. Assaisonner de sel et de poivre casher. Transférer le mélange dans le bol avec le couscous, en réservant environ $\frac{1}{4}$ de tasse de jus de pomme pour la vinaigrette.

3. Dans un petit bol, mélanger le jus de pomme réservé, l'huile de canola, le vinaigre de vin rouge, le sel et le poivre au goût. Ajouter au couscous avec le persil et remuer. Laisser reposer le couscous à température ambiante pendant environ 30 minutes pour que les saveurs se fondent avant de servir. Ajoutez plus de sauge si vous le souhaitez.

43 Salade de roquette aux crevettes au pesto, au parmesan et aux haricots blancs

Ingrédients

- ❖ Crevettes géantes crues Simple Truth de 1/2 livre, pelées et déveinées
- ❖ 4 cuillères à soupe d'huile d'olive divisée
- ❖ 2 gousses d'ail pressées ou émincées
- ❖ 1/4 cuillère à café de sel casher
- ❖ 1/4 cuillère à café de poivre noir fraîchement moulu
- ❖ Une pincée de flocons de piment rouge
- ❖ 2 tasses de tomates cerises Private Selection
- ❖ 1/4 tasse de pesto Hemisphares
- ❖ 8 tasses de roquette bébé Simple Truth
- ❖ 1/2 citron
- ❖ 1/8 tasse de parmesan fraîchement émincé
- ❖ 1/2 tasse de cannellini Simple Truth en conserve ou d'autres haricots blancs rincés et égouttés

PAS

1. Si congelées, décongelez les crevettes sous l'eau froide, égouttez-les et séchez-les avec une serviette en papier, puis placez-les dans un bol. Arroser d'huile d'olive et mélanger avec l'ail, le sel casher, le poivre noir et les flocons de piment rouge. Réserver pour que les saveurs se fondent pendant 20 à 30 minutes.

2. Chauffer une poêle antiadhésive à feu moyen-vif. Arrosez la casserole avec 1 cuillère à soupe d'huile d'olive et ajoutez les crevettes une à la fois, en prenant soin de ne pas surcharger la casserole, en faisant cuire en deux lots. Cuire 2 minutes d'un côté, puis retourner les crevettes et cuire jusqu'à ce qu'elles soient opaques, puis transférer dans un bol. Réduisez légèrement le feu et ajoutez le reste des crevettes et toute l'huile et l'ail du bol avec les tomates dans la poêle. Faites cuire pendant 4 à 5 minutes, en retournant les crevettes à mi-cuisson et en retournant les tomates et l'ail, pour que l'ail ne brûle pas et ne devienne pas amer. Retirer la poêle du feu, transférer les crevettes dans le bol avec le reste des crevettes cuites et mélanger avec le pesto et réserver.

3. Ajouter la roquette dans un bol, arroser du reste de l'huile d'olive, d'un filet généreux de jus de citron et mélanger avec les doigts pour enrober. Raser le parmesan sur la roquette, garnir des haricots et les tomates avec tous les morceaux d'ail de la poêle. Assaisonnez avec plus de sel casher et de poivre noir fraîchement moulu au goût et mangez-le.

44.Cantaloup Et Mozzarella Caprese Salade

Ingrédients

- ❖ 1 cantaloup coupé en deux et épépiné
- ❖ 1 contenant de 8 onces boules de mozzarella J'ai utilisé des boules de taille perle
- ❖ 8 à 10 tranches de prosciutto râpées en gros morceaux
- ❖ 1/4 tasse de feuilles de basilic tranchées finement
- ❖ 1/4 tasse de feuilles de menthe tranchées finement
- ❖ 3 cuillères à soupe d'huile d'olive extra vierge
- ❖ 1 1/2 cuillère à soupe de miel
- ❖ 1 cuillère à soupe de vinaigre balsamique blanc
- ❖ Sel casher et poivre noir fraîchement moulu au goût.

PAS

1. Utilisez une boule de melon pour retirer les boules des moitiés de cantaloup et les ajouter dans un grand bol. Ajouter les boules de mozzarella et le prosciutto déchiré. Saupoudrer de basilic et de feuilles de menthe.
2. Dans un petit bol, fouetter l'huile d'olive, le miel et le vinaigre balsamique blanc et assaisonner avec du sel casher et du poivre noir fraîchement moulu. Arroser le cantaloup

et mélanger pour enrober. Assaisonner avec plus de sel et de poivre et des herbes supplémentaires au goût.

45 Salade à la roquette et au parmesan émincé

Ingrédients

- ❖ 2 cuillères à soupe d'huile d'olive
- ❖ 2 cuillères à soupe de jus de citron frais
- ❖ 1 cuillère à café de miel
- ❖ 1/2 cuillère à café de sel casher
- ❖ 1/2 cuillère à café de poivre noir fraîchement moulu
- ❖ 4 tasses de roquette
- ❖ 1/4 tasse de parmesan émincé

PAS

1. Dans un grand bol, fouettez ensemble l'huile d'olive, le jus de citron, le miel, le sel et le poivre.
2. Ajouter la roquette dans le bol et mélanger. Garnir avec le parmesan rasé et plus de goût de poivre. Donne 4 tasses.

46 Salade de quinoa méditerranéenne

Ingrédients

1. 1 1/2 tasse de quinoa sec
2. 1/2 cuillère à café de sel casher
3. 1/2 tasse d'huile d'olive extra vierge
4. 1 cuillère à soupe de vinaigre balsamique
5. 2 gousses d'ail pressées
6. 1/2 cuillère à café de basilic sec émincé
7. 1/2 cuillère à café de thym séché écrasé entre vos doigts
8. sel casher et poivre noir fraîchement moulu
9. 3 tasses de roquette
10. 1 boîte de 15 onces de pois chiches égouttés
11. 1 paquet de saveurs de salade piquante DeLallo

PAS

1. Faites cuire le quinoa selon les instructions sur l'emballage avec 1/2 cuillère à café de sel ajouté à l'eau. Refroidissez complètement.
2. Mélangez l'huile d'olive, le vinaigre balsamique, l'ail pressé, le basilic et le thym. Fouetter jusqu'à ce que le tout soit bien mélangé. Assaisonner de sel casher et de poivre noir fraîchement moulu et réserver.
3. Dans un grand bol de service, ajoutez le quinoa, la roquette, les pois chiches et le paquet Salad Savors (poivron rouge, olives kalamata et fromage feta).

4. Arroser de vinaigrette et garnir de basilic. Assaisonner selon l'envie. Servir à température ambiante.

47 Salade de pâtes grecques aux concombres et coeurs d'artichaut

Ingrédients

- ❖ ½ tasse d'huile d'olive fruitée
- ❖ 1/4 tasse de vinaigre balsamique blanc
- ❖ Quatre gousses d'ail hachées ou pressées
- ❖ 2 cuillères à soupe d'origan sec
- ❖ 1 cuillère à café de sel casher
- ❖ 1 cuillère à café de poivre fraîchement moulu
- ❖ 1 livre de nouilles de pâtes cuites, égouttées et refroidies *
- ❖ 2 boîtes de 15 oz de cœurs d'artichaut coupés en quartiers dans de la saumure égouttés
- ❖ 1 pot de 12 onces de poivrons rouges rôtis, effilés ou hachés
- ❖ 1 pot de 8 onces d'olives Kalamata coupées en deux
- ❖ 1 concombre de serre coupé en tranches de 3/8 "
- ❖ ¼ d'oignon rouge tranché finement
- ❖ 1 tasse de fromage feta émietté
- ❖ 1/3 tasse de feuilles de basilic frais, effilées ou hachées

PAS

1. Dans un petit bol ou un bocal muni d'un couvercle, ajoutez l'huile d'olive, le vinaigre, l'ail, l'origan, le sel et le poivre et fouettez bien pour combiner pour faire la vinaigrette.

Laisser reposer à température ambiante pour que les saveurs se mélangent.

2. Ajouter les pâtes cuites, les cœurs d'artichaut, les poivrons rôtis, les olives, le concombre, l'oignon et la moitié du fromage feta dans un grand bol. Versez la vinaigrette sur les ingrédients de la salade et mélangez doucement. Goûtez pour l'assaisonnement et ajoutez plus de sel et de poivre ou plus d'huile d'olive si nécessaire. Ajouter le reste du fromage feta sur le dessus de la salade de pâtes et garnir de basilic frais si désiré. Laisser reposer les saveurs pendant $\frac{1}{2}$ heure avant de servir ou toute la nuit.

48.Salade puissante aux protéines de quinoa et de chou frisé

Ingrédients

- ❖ 2 tasses de quinoa cuit
- ❖ 2 tasses de côtes de chou frisé hachées enlevées
- ❖ 1 boîte de 15 onces de pois chiches égouttés
- ❖ 5-6 oranges clémentines pelées et tranchées
- ❖ 1/3 tasse de pistaches hachées
- ❖ 1/3 tasse de graines de grenade
- ❖ 3 cuillères à soupe d'huile d'olive extra vierge
- ❖ 1 cuillère à soupe de mélasse de grenade
- ❖ 1 cuillère à soupe de jus d'orange frais
- ❖ 1 gousse d'ail pressée ou émincée
- ❖ 2 cuillères à café de sumac divisé
- ❖ 1 cuillère à café de menthe séchée écrasée
- ❖ 1 cuillère à café de sel casher
- ❖ Poivre noir fraichement moulu
- ❖ 1/4 tasse de menthe fraîche hachée

PAS

1. Dans un saladier, mélanger le quinoa cuit, le chou frisé haché, les pois chiches, les tranches d'orange, les pistaches et les graines de grenade.
2. Dans un petit bol ou un bocal, mélanger l'huile d'olive, la mélasse de grenade, l'ail, 1 cuillère à café de sumac, la menthe séchée, le sel

casher et un peu de poivre noir fraîchement moulu.

3. Dresser la salade avec la vinaigrette et mélanger pour que tout soit uniformément enrobé. Saupoudrer de 1 cuillère à café de sumac restante et de menthe fraîchement hachée. Assaisonner avec du sel et du poivre supplémentaires au goût. La salade peut être servie immédiatement ou conservée jusqu'à 2 jours.

49 Salade de pâtes grecques au blé entier

Ingrédients

- ❖ 1/2 livre de pâtes penne de blé entier
- ❖ 2 tomates moyennes hachées ou coupées en 1/8 (environ 1 tasse)
- ❖ 1/3 tasse de poivron rouge et jaune rôti, haché grossièrement
- ❖ 2 cuillères à soupe de câpres égouttées
- ❖ 1/4 tasse d'olives kalamata tranchées, coupées en deux
- ❖ 1/4 tasse d'huile d'olive extra vierge
- ❖ 1 cuillère à soupe de vinaigre balsamique
- ❖ 2 gousses d'ail émincées ou pressées
- ❖ 1/2 cuillère à café d'origan
- ❖ pincée de sucre
- ❖ sel casher et poivre noir fraîchement moulu
- ❖ 1/2 tasse de basilic émincé
- ❖ 1/4 tasse de fromage feta

PAS

1. Porter à ébullition une casserole moyenne remplie d'eau, ajouter une généreuse dose de sel casher et cuire les pâtes penne de blé entier selon les instructions sur l'emballage ou jusqu'à ce qu'elles soient al dente. Égoutter et laisser refroidir.

2. Pendant la cuisson des pâtes, mélanger l'huile d'olive extra vierge, le vinaigre balsamique,

l'ail, l'origan, le sucre, le sel casher et le poivre noir dans un petit pot Mason ou tout autre récipient avec un couvercle et bien agiter. Ajouter les tomates, les poivrons rôtis, les câpres et les olives kalamata dans un bol moyen et verser la vinaigrette sur les légumes et laisser reposer pendant 15 minutes pour que les saveurs se combinent.

3. Ajouter les pâtes et les lamelles de basilic au mélange de légumes et plier. Assaisonner avec plus de sel casher et de poivre noir au goût et garnir de fromage feta émietté. Ajoutez plus d'huile d'olive si les pâtes semblent sèches. Servez et dégustez.

50.Salade de tomates et coeurs de palme

Ingrédients

- ❖ 3 tasses de tomates cerises coupées en deux
- ❖ 1 boîte de 15 onces cœur de paume égoutté et coupé en rondelles de 1/4 po
- ❖ 1/4 tasse d'oignon rouge émincé ou émincé
- ❖ 1/4 tasse de persil italien haché
- ❖ 1/4 tasse d'huile végétale
- ❖ 1 1/2 cuillère à soupe de vinaigre rouge
- ❖ 1 cuillère à café de sucre
- ❖ 1 cuillère à café de sel casher
- ❖ 1/2 cuillère à café de poivre noir fraîchement moulu

PAS

1. Mélanger les tomates, les cœurs de palmier, l'oignon rouge et le persil dans un grand bol. Dans un petit bol, mélangez l'huile végétale, le vinaigre, le sucre, le sel et le poivre jusqu'à ce que le sucre soit dissous. Versez la vinaigrette sur le mélange de tomates et mélangez doucement. Ajoute plus de sel et de poivre pour le gout. Servir à température ambiante.

CONCLUSION

Le régime méditerranéen n'est pas un régime unique
mais plutôt un régime alimentaire qui s'inspire du
régime alimentaire des pays du sud de l'Europe.
L'accent est mis sur les aliments végétaux, l'huile

d'olive, le poisson, la volaille, les haricots et les céréales.